Inhalt

1 Vorwort

Ein herzliches Willkommen zu einer außergewöhnlichen Reise in die Welt der ungewöhnlichen Fakten und skurrilen Wunder! Die folgenden Seiten laden Sie ein, in die Tiefen des unnötigen, aber faszinierenden Wissens einzutauchen – eine Schatzkiste voller erstaunlicher Anekdoten und verblüffender Erkenntnisse. Von absurden historischen Begebenheiten bis hin zu kuriosen Phänomenen der Natur und Technologie werden Sie hier mit einer berauschenden Vielfalt an Themen konfrontiert. Dieses bunte Mosaik an Informationen mag zwar auf den ersten Blick nutzlos erscheinen, doch es öffnet eine Tür zu einer Welt voller Staunen, Lachen und Nachdenken.

Wir begeben uns auf eine Reise durch 40 einzigartige Bereiche des Wissens, in denen Sie Geschichten über skurrile Tierverhaltensweisen, erstaunliche historische Ereignisse und faszinierende wissenschaftliche Phänomene entdecken werden. Hier erfahren Sie von Tieren, die seltsame Rituale pflegen, von legendären Kreaturen, die die Vorstellungskraft herausfordern, und von Rekorden, die die Grenzen des Menschlichen überschreiten. Sie werden in die Welt der absurden Bräuche eintauchen, die in vergangenen Jahrhunderten als medizinische Praktiken galten, und sich über kuriose Namen und Titel wundern, die Menschen im Laufe der Zeit angenommen haben.

Die fesselnden Erzählungen über kuriose Filmfakten, ungewöhnliche Sprachen und Dialekte sowie absurde Internetphänomene werden Sie zum Schmunzeln bringen. Sie werden erfahren, wie Künstler mit unkonventionellen Materialien erstaunliche Werke geschaffen haben und wie Technologie oft auf überraschende und witzige Weise in den Alltag integriert wird. Tauchen Sie ein in die Welt der skurrilen sportlichen Leistungen und begegnen Sie den seltsamen Königen und Königinnen vergangener Zeiten.

Mögen diese Seiten Ihnen nicht nur eine unterhaltsame Ablenkung bieten, sondern auch Ihre Neugier anregen und Ihr Wissensdurst stillen. Lassen Sie sich von der Vielfalt und den Ungereimtheiten unserer Welt inspirieren, während wir gemeinsam die Grenzen des Ungewöhnlichen erkunden. So unterschiedlich und absurderweise zusammenhangslos diese Fakten auf den ersten Blick erscheinen mögen, so verbindet sie dennoch die gemeinsame Faszination für das Bizarre und Unerwartete.

Bereiten Sie sich darauf vor, in die Tiefe der Ungereimtheiten einzutauchen und Ihre Denkweise zu erweitern. Ohne weiteres Zögern laden wir Sie ein, sich von diesen unerwarteten Einblicken verzaubern zu lassen und Ihre Vorstellungskraft in eine Welt zu entführen, in der das Unnötige eine unvergleichliche Bedeutung annimmt.

2   Die faszinierenden und unnötigen Fakten

Thema 1: Tiere und Natur

1. **Lachende Ratten:** Ratten können tatsächlich kichern, wenn sie gekitzelt werden. Forscher haben herausgefunden, dass sie in hohen Tönen lachen, die für Menschen nicht hörbar sind.

2. **Blinkende Austern:** Austern haben keine Augen, aber sie können dennoch Licht erkennen. Sie reagieren auf Lichtveränderungen, indem sie ihre Schalen öffnen oder schließen.

3. **Selbstgespräch der Papageien:** Papageien sind dafür bekannt, sich selbst im Spiegel zu erkennen und mit ihrem Spiegelbild zu interagieren. Manchmal führen sie sogar stundenlange Unterhaltungen mit sich selbst.

4. **Verwirrte Bienen:** Bienen können verwirrt werden, wenn sie mit einem starken Parfüm in Kontakt

kommen. Sie könnten dich für eine riesige Blume
halten!

5. **Makrelen-Party:** Makrelen halten oft Unterwasser-
   Partys ab, bei denen sie gemeinsam in kreisenden
   Mustern schwimmen. Das hat keinen
   offensichtlichen Zweck, außer vielleicht der Freude
   an der Gemeinschaft.

Thema 2: Menschlicher Körper

6. **Nasenwachstum über die Jahre:** Die Nase hört
   nie auf zu wachsen. Dies führt dazu, dass ältere
   Menschen oft eine größere Nase haben als in ihrer
   Jugend.

7. **Gähnen ist ansteckend:** Es ist schwer, dem
   Drang zu widerstehen, zu gähnen, wenn jemand in
   deiner Nähe gähnt. Dies liegt daran, dass Gähnen
   tatsächlich ansteckend sein kann, selbst zwischen
   verschiedenen Arten.

8. **Daumenabdruck der Zunge:** Jeder Mensch hat einen einzigartigen Zungenabdruck, ähnlich wie Fingerabdrücke. Das Problem? Es ist ziemlich schwierig, das für Identifikationszwecke zu verwenden.

9. **Bauchnabel-Bakterien:** In deinem Bauchnabel könnten Tausende verschiedener Bakterienarten leben. Das macht den Bauchnabel zu einem Mikro-Ökosystem.

10. **Wassertrinker werden geboren:** Neugeborene können nicht schlucken und atmen gleichzeitig. Das ist der Grund, warum Babys während des Stillens manchmal pausieren müssen, um Luft zu holen.

Thema 3: Kuriose Orte und Phänomene

11. **Bermudadreieck-Rätsel:** Im Bermudadreieck verschwinden keine überdurchschnittlichen Mengen von Schiffen oder Flugzeugen. Es ist

statistisch gesehen nicht gefährlicher als andere Gebiete auf der Welt.

12. **Kuhfladen-Werfen als Sport:** In Finnland gibt es eine Sportart namens "Eukonkanto", bei der Männer ihre Frauen über Hindernisse tragen. Aber das ist noch nicht das Kurioseste: In Großbritannien gibt es tatsächlich Meisterschaften im Kuhfladen-Weitwurf!

13. **Die Stadt mit dem längsten Namen:** Taumatawhakatangihangakoauauotamateaturipuk akapiki-maungahoronukupokaiwhenuakitnatahu ist der Name eines Hügels in Neuseeland und hat laut dem Guinness-Buch der Rekorde die längste Ortsbezeichnung.

14. **Der fliegende Stein:** Es gibt einen Ort in Saudi-Arabien namens Al-Namrood, wo es heißt, dass ein Stein magisch schwebt. Tatsächlich handelt es sich um einen großen magnetischen Stein, der aufgrund seines hohen Eisengehalts an der Oberfläche haftet.

15. **Pinkelpause im Weltall:** Astronauten müssen im Weltraum Windeln tragen oder spezielle "Urinale" verwenden, um ihre Notdurft zu verrichten. Flüssigkeiten verhalten sich im Mikrogravitationsumfeld des Weltraums anders als auf der Erde.

Thema 4: Essen und Trinken

16. **Teuerster Kaffee der Welt:** Der teuerste Kaffee der Welt, Kopi Luwak, wird aus Bohnen hergestellt, die von einer Zibetkatze verdaut und dann ausgeschieden wurden. Der Verdauungsprozess soll den Geschmack des Kaffees verändern.

17. **Quakende Erdbeeren:** Erdbeeren gehören zur Familie der Rosengewächse, und wenn sie wachsen, machen sie tatsächlich ein leises Quietschen. Dieses Geräusch entsteht durch die Reibung der Beeren an den Blättern.

18. **Käse, der umzieht:** Im "Caciocavallo Podolico" - einem italienischen Käse - leben Käferlarven.

Wenn der Käse reift, bewegen sich die Larven und verursachen Bewegungen im Käse. Ein "lebendiger" Käse also!

19. **Bananen sind Beeren, Erdbeeren nicht:** Botanisch gesehen sind Bananen tatsächlich Beeren, während Erdbeeren keine Beeren sind, sondern Sammelnussfrüchte.

20. **Unendliche Pizza:** Mathematisch gesehen kann eine runde Pizza in eine endlose Anzahl von Stücken geschnitten werden. Ein interessanter Weg, die Mathematik in den Alltag zu integrieren!

Thema 5: Sprachen und Kommunikation

21. **Längstes Wort im Englischen:** Das längste im Wörterbuch verzeichnete englische Wort ist "pneumonoultramicroscopicsilicovolcanoconiosis" mit 45 Buchstaben. Es bezeichnet eine Lungenkrankheit, die durch das Einatmen von Vulkanasche verursacht wird.

22. **Hundepfeifen für Menschen unhörbar:**
Hundepfeifen sind so gestimmt, dass sie für Hunde hörbar, aber für Menschen unhörbar sind. Das liegt an der Frequenz, die außerhalb unseres Hörbereichs liegt.

23. **Palindrom-Satz:** "A man, a plan, a canal, Panama!" ist ein Satz, der sowohl von vorne als auch von hinten gelesen dasselbe ergibt. Solche Palindrome sind ein sprachlicher Spaß.

24. **Sprache ohne Pronomen:** Die Sprache "Tuyuca", die von den Tucano in Südamerika gesprochen wird, enthält keine Pronomen für "er" oder "sie". Stattdessen muss der Sprecher spezifische Verwandtschaftsbezeichnungen verwenden.

25. **Das schnellste Gedicht:** Das Gedicht "Fleißige Bienen" von Arthur Guiterman ist das kürzeste Gedicht der Welt. Es besteht aus nur zwei Buchstaben: "B" und "z". Eine kurze Lektüre, die sogar in der knappsten Zeit passt.

Thema 6: Skurrile Geschichte und Fakten

26. **Schlacht um eine Brücke:** 1864 fand die "Schlacht von Türkenkopf" zwischen den USA und Kanada statt. Die Schlacht wurde in Kanada ausgetragen, obwohl es nie eine tatsächliche Brücke oder einen Ort namens "Türkenkopf" gab.

27. **Verschwundene Insel:** Die Insel Bermeja im Golf von Mexiko verschwand scheinbar in den 1940er Jahren. Es gibt jedoch Theorien, dass ihre Existenz politischen Interessen zum Opfer fiel.

28. **Erfindung des Schachspiels durch einen Geist:** Laut einer Legende wurde das Schachspiel vom indischen König Shiharam erfunden, nachdem er von einem Geist herausgefordert wurde. Das Schachbrett repräsentiert das Königreich, die Figuren die verschiedenen Arten von Streitkräften.

29. **Krieg der Schaf gegen Vögel:** 1984 führte Neuseeland einen Krieg gegen Vögel durch. Sie wollten die einheimischen Pflanzen und Tiere vor

invasiven Vogelarten schützen, indem sie
Tausende von Vögeln abschossen.

30. **Lebendige Mumien:** Einige koptische christliche
Mönche in Ägypten praktizierten einst eine Form
der Selbstmumifizierung. Sie aßen eine Diät aus
Nüssen und tranken Gift, um ihren Körper für den
Tod vorzubereiten, während sie in Meditation
verharrten.

Thema 7: Technologie und Innovation

31. **Die erste Webcam:** Die erste Webcam wurde
1991 von Wissenschaftlern am Cambridge
University Computer Laboratory entwickelt, um
den Füllstand einer Kaffeekanne zu überwachen,
ohne aufzustehen.

32. **Computerfieber:** Es gibt tatsächlich das
"Koumpounophobie", die Angst vor Tasten auf der
Tastatur. Betroffene meiden die Verwendung von
Computern und Smartphones.

33. **Katzen als Programmierer:** In den 1960er Jahren arbeiteten Wissenschaftler an der Entwicklung einer künstlichen Intelligenz. Um zu zeigen, wie schwierig die Aufgabe ist, schlugen sie vor, dass es einfacher wäre, einer Katze das Programmieren beizubringen.

34. **Die lächelnde E-Mail-Adresse:** Es gibt eine E-Mail-Adresse mit dem Namen "lol@lol.com". Eine lustige Möglichkeit, eine Nachricht zu senden.

35. **Roboterkünstler:** Ein Roboter namens "e-David" wurde entwickelt, um Gemälde im Stil berühmter Künstler wie Van Gogh und Picasso zu malen. Ein neuer Beitrag zur Kunstgeschichte!

Thema 8: Kuriositäten aus dem Weltraum

36. **Hitchhiker's Guide to the Galaxy ins All geschickt:** Im Jahr 2008 wurde eine Kopie des Buches "Per Anhalter durch die Galaxis" von Douglas Adams ins Weltall geschossen. Es reiste

an Bord eines Raumfahrzeugs der NASA namens Deep Impact.

37. **Rostiger Mond:** Der Mond hat keinen Sauerstoff in seiner Atmosphäre, daher kann er nicht rosten. Aber auf der Oberfläche des Mondes gibt es kleine Eisenpartikel, die von Mikrometeoriten getroffen werden und rostig werden könnten.

38. **Pluto verengt sich:** Pluto schrumpft tatsächlich im Laufe der Zeit. Die innere Wärme des Zwergplaneten lässt das Eis im Inneren schmelzen, was zu einem schrumpfenden Durchmesser führt.

39. **Das Goldene Vinyl:** Auf den Voyager-Raumsonden, die 1977 ins All geschickt wurden, befindet sich eine goldene Schallplatte mit Botschaften und Klängen der Erde. Ein Fall von interstellarem DJing!

40. **Der Bubblegum-Nebel:** Der Nebel RCW 120 sieht aus wie ein riesiger rosafarbener Kaugummi, der

im All schwebt. In Wirklichkeit handelt es sich um eine Region mit intensiver Sternenbildung.

Thema 9: Seltsame Bräuche und Traditionen

41. **Tomatenschlacht in Spanien:** In Buñol, Spanien, findet jedes Jahr "La Tomatina" statt, das größte Tomatenschlacht-Festival der Welt. Tausende von Menschen werfen sich mit überreifen Tomaten, nur aus Spaß!

42. **Der Rindertanz von Madagaskar:** Auf Madagaskar gibt es einen traditionellen Tanz, bei dem junge Männer über die Rücken von zähmbaren Rindern springen, um ihre Stärke zu zeigen.

43. **Bodenklatschen in Finnland:** In Finnland ist es üblich, nach der Landung eines Flugzeugs zu klatschen und zu jubeln. Das ist eine Geste des Dankes an die Piloten und ein Zeichen der Erleichterung, wieder auf festem Boden zu sein.

44. **Der stinkende Baum des Jahres:** In Portugal wird jedes Jahr der "Stinkende Baum des Jahres" gewählt. Dies ist ein humorvoller Ansatz, um die weniger angenehmen Seiten der Natur zu feiern.

45. **Gefälschte Spinnenhochzeit:** Ein Brauch in Borneo erfordert, dass der Bräutigam eine künstliche Spinne isst, um seine Liebe zu beweisen. Eine ungewöhnliche Art der Hochzeitszeremonie!

Thema 10: Verrückte Fakten über Zahlen und Statistiken

46. **Der vierte Stock fehlt:** In einigen chinesischen Gebäuden fehlt die vierte Etage, weil die Aussprache von "vier" im Chinesischen dem Wort für "Tod" ähnelt. Die Zahl wird aus Aberglauben vermieden.

47. **Rekordhalter für das längste Niesen:** Der längste dokumentierte Nieser dauerte 978 Tage.

Dieser Rekord gehört zu Donna Griffiths aus Großbritannien, die von 1981 bis 1984 nieste.

48. **Globale Bierproduktion:** Im Jahr 2016 wurden weltweit über 188 Milliarden Liter Bier produziert. Das entspricht mehr als 75.000 olympischen Swimmingpools voller Bier!

49. **Die Zahl Pi (π) in Musik übersetzt:** Ein Mathematikprofessor namens Michael Blake übersetzte die Dezimalstellen von Pi in Noten und schuf so ein musikalisches Stück, das "Pi Symphony" genannt wird.

50. **Zeit, bis ein Fingernagel nachwächst:** Ein Fingernagel benötigt etwa sechs Monate, um vollständig nachzuwachsen. Das ist genug Zeit, um eine Menge Nägel zu beißen und darauf zu warten, dass sie wieder nachwachsen.

Thema 11: Kuriose Sportarten

51. **Schneeballweitwurf-Weltmeisterschaft:** In der
Stadt Inzell in Deutschland findet jährlich die
Schneeballweitwurf-Weltmeisterschaft statt.
Teilnehmer versuchen, einen präparierten
Schneeball so weit wie möglich zu werfen.

52. **Sumpffußball:** Im englischen Ort Bourton-on-the-
Water wird ein jährliches Sumpffußballturnier
veranstaltet, bei dem Teams in tiefem Schlamm
Fußball spielen. Es ist ein chaotisches, aber
lustiges Ereignis.

53. **Gummistiefelweitwurf:** In Neuseeland und
einigen anderen Ländern ist der
Gummistiefelweitwurf eine beliebte Sportart. Die
Teilnehmer versuchen, einen Gummistiefel so weit
wie möglich zu schleudern.

54. **Kamelrennen in Australien:** Kamelrennen sind in
manchen Teilen Australiens eine ernsthafte
Sportart. Die Tiere können überraschend schnell
laufen und sorgen für ungewöhnliche Rennen.

55. **Weltmeisterschaft im Schlammcatchen:** In Großbritannien findet eine jährliche Weltmeisterschaft im Schlammcatchen statt, bei der Menschen in Schlammgruben gegeneinander antreten, um den Titel zu gewinnen.

Thema 12: Ungewöhnliche Feiertage

56. **Tag der Regenschirmabdeckung:** Am 10. Februar wird in den USA der "National Umbrella Day" gefeiert, an dem die Menschen die praktische Schönheit von Regenschirmen feiern.

57. **Tag des linken Händers:** Am 13. August ist der "Tag des Linkshänders". Linkshänder auf der ganzen Welt feiern ihre Einzigartigkeit und die Herausforderungen, die sie meistern.

58. **Tag des Kaugummis am Baum:** In den USA wird am 5. Juli der "Tag des Kaugummis am Baum" gefeiert, an dem die Menschen daran erinnert werden, Kaugummi ordnungsgemäß zu entsorgen.

59. **Welttag der Barfußläufer:** Der 5. Mai ist der "Welttag der Barfußläufer", an dem Menschen aufgefordert werden, ihre Schuhe auszuziehen und die Natur unter ihren Füßen zu spüren.

60. **Tag der falschen Wimpern:** Am 19. Februar können sich Beauty-Enthusiasten auf der ganzen Welt am "National Lash Day" verkleiden und ihre Wimpern betonen.

Thema 13: Absurde Rekorde

61. **Meiste Marshmallows in einer Minute fangen:** Ein Mann namens Ashrita Furman aus den USA schaffte es, 68 Marshmallows in einer Minute mit einem Mund in einer Entfernung von 7 Metern zu fangen.

62. **Längstes Gespräch ohne Schlaf:** Im Jahr 2017 hielten zwei Männer in Indien ein Gespräch über 49 Stunden lang aufrecht, ohne zu schlafen. Ein wirklich ungewöhnlicher Rekord!

63. **Höchster Turm aus Keksen:** In Norwegen wurde ein Keks-Turm mit einer Höhe von 3,52 Metern gebaut, indem Kekse übereinandergestapelt wurden. Ein ernsthaft süßer Rekord!

64. **Längster Bart bei einer Frau:** Die Türkin Vivian Wheeler hält den Rekord für den längsten Bart bei einer Frau, der über 30 cm lang war. Es stellte sich heraus, dass sie am seltenen "Ambras-Syndrom" litt.

65. **Schnellste 100-Meter-Lauf in High Heels:** Ein Mann namens Chay Roberts lief die 100 Meter in High Heels in nur 18,52 Sekunden, ein wahrhaft beeindruckender Lauf.

Thema 14: Skurrile Städtenamen

66. **Intercourse:** Es gibt tatsächlich eine Stadt namens Intercourse in Pennsylvania, USA. Es ist ein beliebtes Ziel für Touristen, die sich über den Namen amüsieren.

67. **Zzyzx:** In Kalifornien gibt es eine Stadt namens Zzyzx. Der Name wurde von einem Geschäftsmann gewählt, um sicherzustellen, dass seine Stadt immer am Ende der Alphabet-Liste steht.

68. **Baarle-Nassau und Baarle-Hertog:** Diese beiden Städte liegen in Belgien und den Niederlanden und haben eine komplexe Grenzstruktur. Es gibt insgesamt 30 Enklaven, die sich über die beiden Länder erstrecken.

69. **Batman:** Batman ist nicht nur der Name des berühmten Fledermaus-Helden, sondern auch eine Stadt in der Türkei. Die Stadt hat versucht, Urheberrechte auf den Namen geltend zu machen.

70. **Dull and Boring:** In Schottland und den USA gibt es tatsächlich Städte mit den Namen "Dull" und "Boring". Um die Sache aufzupeppen, haben die beiden Städte sogar eine Partnerschaft geschlossen.

Thema 15: Ungewöhnliche Naturphänomene

71. **Katzenwetter:** Ein Begriff namens "Katzenwetter" bezieht sich auf schönes Wetter, das so angenehm ist, dass selbst Katzen nach draußen gehen wollen.

72. **Blitz, der vom Boden aufsteigt:** Normalerweise bewegt sich Blitz vom Himmel zum Boden. Aber gelegentlich gibt es auch "aufsteigende Blitze", die vom Boden aufwärts in den Himmel schießen.

73. **Quellende Erde:** Im Death Valley, Kalifornien, kann sich der Boden bei extremen Regenfällen ausdehnen und sich wellenartig bewegen, ein Phänomen, das als "singing sand" bekannt ist.

74. **Pinkes Wasser:** Im australischen Lake Hillier ist das Wasser pink. Der Grund für die Farbe ist noch nicht ganz verstanden, aber es wird angenommen, dass es von Bakterien verursacht wird.

75. **Feuerregenbogen:** Unter den richtigen Bedingungen kann ein "Feuerregenbogen" auftreten, bei dem ein normaler Regenbogen von einem Sonnenuntergang beleuchtet wird und ein intensives Spektrum von Farben zeigt.

Thema 16: Ungewöhnliche Tierverhalten

76. **Der lachende Delfin:** Delfine sind bekannt für ihre freundliche Natur, aber sie können auch lachen. Wenn sie ausatmen, erzeugen sie oft ein kicherndes Geräusch, das wie Lachen klingt.

77. **Scheue Eichhörnchen:** Einige Eichhörnchen vergessen, wo sie ihre Nüsse versteckt haben, was dazu führen kann, dass sie unbeabsichtigt zur Aufforstung beitragen.

78. **Affentheater am Computer:** Forscher haben Schimpansen Computer gegeben und sie gelehrt, einfache Aufgaben auszuführen. Allerdings haben die Schimpansen den Computer auch als

Werkzeug verwendet, um sich gegenseitig zu ärgern.

79. **Betrunkenes Tierreich:** Tiere können sich betrunken fühlen, wenn sie fermentiertes Obst essen. Einmal wurden Elefanten betrunken, nachdem sie reifes Obst gegessen hatten, das bereits begonnen hatte zu gären.

80. **Kängurus und Selbstreflexion:** Kängurus erkennen sich nicht im Spiegel. In einem Experiment wurden sie mit Spiegeln konfrontiert und reagierten, als ob sie andere Kängurus sehen würden.

Thema 17: Absurde Gesetze

81. **Eheverbote für Verwandte:** Einige Länder haben Gesetze gegen die Heirat zwischen Schwägern oder Cousins. In Rhode Island ist es sogar illegal, Wein für die eigene Hochzeit zu kaufen.

82. **Verbot von Kaugummi in Singapur:** In Singapur
ist der Verkauf von Kaugummi verboten, es sei
denn, es handelt sich um medizinisches
Kaugummi.

83. **Rennen von nackten Frauen in Australien:** In
Darwin, Australien, findet jährlich das "Darwin
Festival" statt, das unter anderem ein Nacktrennen
für Frauen umfasst.

84. **Schafe auf der Autobahn:** In Großbritannien ist
es illegal, ein Schaf entlang der Londoner Pall Mall
zu treiben, es sei denn, man hat eine
Genehmigung der Polizei. Ein Gesetz, das
vermutlich aus vergangenen Zeiten stammt.

85. **Stolpern über Steine:** In Großbritannien ist es
illegal, vorzugeben, bei Tageslicht über einen Stein
zu stolpern, um Geld von Personen zu erpressen.

*Thema 18: Kuriose wissenschaftliche
Entdeckungen*

86. **Bienen, die "Null" lernen:** Forscher haben Bienen beigebracht, die mathematische Null zu erkennen, indem sie ihnen zeigten, dass ein leeres Feld mit einem Bild von "Null" korreliert.

87. **Lächelnde Mäuse:** Wissenschaftler haben es geschafft, Mäuse genetisch so zu verändern, dass sie zu lächeln scheinen. Ihre Gesichtsmuskeln sind so modifiziert, dass sie ein "Lächeln" formen.

88. **Mumifizierte Kartoffel:** In Schweden wurde eine 120 Jahre alte Kartoffel gefunden, die sich auf natürliche Weise mumifiziert hatte. Ein Beweis für die erstaunliche Haltbarkeit von Kartoffeln.

89. **Tanzen von Hühnern:** Forscher haben entdeckt, dass Hühner Musik mögen und dazu neigen, zu rhythmischer Musik zu tanzen. Hühner, die Mozart hören, könnten also ihren eigenen Hühnertanz aufführen.

90. **Sprechen mit Pflanzen:** Ein Experiment ergab, dass das Sprechen mit Pflanzen deren Wachstum

beeinflussen kann. Einige Pflanzen reagieren positiv auf freundliche Worte, während andere auf negative Worte schlechter wachsen.

Thema 19: Ungewöhnliche Transportmittel

91. **Heiße Luftballon-Rennen:** Es gibt regelmäßig internationale Wettbewerbe, bei denen Heißluftballon-Piloten gegeneinander antreten, um verschiedene Ziele zu erreichen.

92. **Bambus-Fahrräder:** In einigen Teilen der Welt werden Fahrräder aus Bambus hergestellt. Sie sind leicht und umweltfreundlich, aber vielleicht nicht die beste Wahl für nasse Bedingungen.

93. **Einhorn-Taxis:** In Kolumbien gibt es "Einhorn-Taxis", bei denen Autos mit Hörnern und einem Einhorn-Thema dekoriert sind.

94. **Hundeschlitten in der Wüste:** Im Wadi Rum in Jordanien können Touristen mit Hundeschlitten fahren - auf Sanddünen statt auf Schnee.

95. **Auf Rollschuhen über den Ozean:** Im Jahr 1978 rollschuhfuhren zwei Männer tatsächlich von Chicago nach Santa Monica, Kalifornien, eine Strecke von über 3.000 Meilen.

Thema 20: Kuriose historische Ereignisse

96. **Stinkende Ballonpost:** Im 19. Jahrhundert wurden Ballons zur Beförderung von Post verwendet. In Frankreich trug ein Ballon versehentlich einen Beutel mit stinkendem Abfall.

97. **Kanonen gegen Hagel:** Im 19. Jahrhundert versuchte ein Schweizer Forscher, Hagel mit Kanonenschüssen zu zerstören. Das Experiment hatte keinen Erfolg.

98. **Geflügelte Katzen:** Im Mittelalter glaubte man tatsächlich an die Existenz von "geflügelten Katzen", die als bösartige Kreaturen angesehen wurden.

99. **Tanzwut:** Im 16. Jahrhundert trat in Europa eine mysteriöse Epidemie namens "Tanzwut" auf, bei der Menschen scheinbar grundlos zu tanzen begannen und oft stundenlang nicht aufhören konnten.

100. **Die große Emu-Krieg:** In Australien führte die Regierung in den 1930er Jahren tatsächlich einen Krieg gegen Emus, um deren Überpopulation einzudämmen. Die Emus erwiesen sich jedoch als zähe Gegner.

Thema 21: Kuriose Erfindungen

101. **Automatischer Heiratsantrag-Schreiber:** Im 19. Jahrhundert gab es tatsächlich eine Erfindung namens "Mechanischer Antragsteller", die automatisch Heiratsanträge verfasste.

102. **Richtung des Eies im Eierkarton:** In den USA werden Eier in Eierkartons oft mit der breiteren Seite nach oben verkauft, während in Europa die spitzere Seite nach oben zeigt.

103. **Die Carruthers-Patrone:** Der Chemiker Alexander Carruthers erfand eine "Gesundheitspatrone", die angeblich schlechte Gerüche eliminierte. Das Produkt erwies sich jedoch als erfolglos.

104. **Fernseher zum Kühlschrank:** In den 1950er Jahren wurde ein Fernseher erfunden, der auf einem Kühlschrank montiert war. Ein Versuch, zwei Alltagsgegenstände zu kombinieren.

105. **Fliegende Untertasse-Haube:** In den 1950er Jahren war die "fliegende Untertasse"-Haube eine beliebte Kopfbedeckung für Frauen, die vom UFO-Hype inspiriert war.

Thema 22: Kuriose wissenschaftliche Studien

106. **Wozu riecht der Kopf einer Ente?** Forscher fanden heraus, dass Entenmännchen gut riechende Köpfe haben, um weibliche Enten anzuziehen.

107.   **Kaffee und Selbstwahrnehmung:** Eine Studie fand heraus, dass Menschen glauben, dass Kaffee besser schmeckt, wenn sie denken, dass er teuer war.

108.   **Die emotionale Intelligenz von Ziegen:** Eine Studie zeigte, dass Ziegen menschliche Gesichtsausdrücke erkennen können und positiv auf glückliche Gesichter reagieren.

109.   **Hunde verstehen menschliche Emotionen:** Forscher fanden heraus, dass Hunde menschliche Gesichtsausdrücke interpretieren können, sogar Fotos von menschlichen Gesichtern.

110.   **Kühe mögen entspannende Musik:** Eine Studie ergab, dass Kühe mehr Milch produzieren, wenn sie entspannende Musik hören, im Vergleich zu lauter Musik oder Stille.

Thema 23: Absurde medizinische Aberglauben

111. **Mumienpulver als Heilmittel:** Im 17. Jahrhundert war "Mumienpulver" aus gemahlenen ägyptischen Mumien ein beliebtes Heilmittel, das als Allheilmittel verwendet wurde.

112. **Mithridatisches Trinken:** Im alten Rom praktizierten Menschen "mithridatisches Trinken", bei dem sie winzige Mengen von Giftstoffen zu sich nahmen, um sich gegen Vergiftungen zu immunisieren.

113. **Gesichtsmasken aus Ameiseneiern:** Im alten Ägypten wurden Gesichtsmasken aus zermahlenen Ameiseneiern hergestellt, um Falten zu bekämpfen.

114. **Rasieren gegen Lungenentzündung:** Im 18. Jahrhundert glaubte man, dass das Rasieren des Kopfhaars vor Lungenentzündung schützen könnte.

115. **Blutegeltherapie:** Die Verwendung von Blutegeln zur Behandlung von Krankheiten war

früher üblich. Heute wird sie jedoch nur noch selten eingesetzt.

Thema 24: Ungewöhnliche Namen und Titel

116. **Captain Fantastic Faster Than Superman Spiderman Batman Wolverine Hulk and The Flash Combined:** Das ist der vollständige Name eines Mannes, der ursprünglich George Garratt hieß und seinen Namen offiziell änderte.

117. **Lachender Tod:** Der ungarische Arzt Ignaz Semmelweis führte die Bedeutung der Händehygiene im medizinischen Bereich ein. Er wurde jedoch von seinen Kollegen verspottet und als "lachender Tod" bezeichnet.

118. **Echte Superhelden-Namen:** Es gibt tatsächlich Menschen mit den Namen Batman bin Suparman, Beezow Doo-Doo Zopittybop-Bop-Bop und Donald Duck.

119.	**Mr. Pistorius, Anwalt:** In Südafrika gab es tatsächlich einen Rechtsanwalt namens Barry Pistorius, der keinen Zusammenhang mit dem berüchtigten Sportler Oscar Pistorius hatte.

120.	**Eigener Name als Marke:** Der Schriftsteller Mark Twain war tatsächlich ein Pseudonym für Samuel Langhorne Clemens. Er sagte einmal: "Ein Schriftsteller schafft niemals, er stiehlt nur."

Thema 25: Kuriose Filmfakten

121.	**Pixars A113-Geheimnis:** Immer wieder taucht die Nummer "A113" in den Pixar-Filmen auf. Es handelt sich um einen Klassenraum am California Institute of the Arts, in dem viele Pixar-Regisseure ausgebildet wurden.

122.	**Die Geschichte hinter "E.T.":** In "E.T. - Der Außerirdische" ist der Klang von E.T.s Stimme eine Mischung aus verschiedenen Tierlauten, darunter Seelöwen, Bären und Waschbären.

123. **Höchste Anzahl von Takes:** Für eine Szene in "Dr. Strangelove" drehte Peter Sellers 127 Takes, um den richtigen Ausdruck zu finden. In "The Shining" sagte Jack Nicholson in einer Szene "Redrum" (Mord) 36 Mal.

124. **Zurück in die Zukunft und der DeLorean:** In der "Zurück in die Zukunft"-Trilogie wurde der DeLorean so stark beansprucht, dass er nach den Dreharbeiten nur noch schwer lauffähig war.

125. **Längster Schrei:** In "Die Braut des Prinzen" hält Schauspieler Cary Elwes einen Schrei 1 Minute und 7 Sekunden lang, als er in der Folterszene gefoltert wird.

Thema 26: Kuriose Wortgeschichten

126. **Zufälliges Wort im Wörterbuch:** Das Wort "floccinaucinihilipilification" bedeutet "die Handlung oder Gewohnheit, etwas als wertlos zu betrachten". Ironischerweise ist es eines der längsten Wörter der englischen Sprache.

127. **Buchstabe ohne Punkt:** Der Buchstabe "j" ist der einzige Buchstabe im Alphabet, der nicht mit einem Punkt endet.

128. **Buchstabe mit der meisten Verwendung:** Der Buchstabe "e" ist der am häufigsten verwendete Buchstabe im englischen Alphabet und macht etwa 13 Prozent aller Buchstaben aus.

129. **Palindrome Satzzeichen:** Das Satzzeichen "?-¿" ist ein Palindrom, das sowohl richtig herum als auch auf dem Kopf gelesen werden kann.

130. **Schwer zu tippen:** Das englische Wort "typewriter" kann auf einer Standard-Tastatur nur mit der obersten Zeile der Tastatur getippt werden.

Thema 27: Skurrile kulinarische Entdeckungen

131. **Käse auf Würmern:** Casu Marzu ist ein sardischer Käse, der absichtlich mit lebenden Maden infiziert ist. Er wird als Delikatesse

angesehen und wird normalerweise mit den Maden zusammen gegessen.

132.	**Ungewöhnlicher Kaffee:** Kopi Luwak ist der teuerste Kaffee der Welt und wird aus Kaffeebohnen hergestellt, die von einer Schleichkatzenart verzehrt und dann ausgeschieden werden.

133.	**Speiseeis aus Ameisen:** Einige Restaurants servieren tatsächlich Speiseeis, das aus gemahlenen Ameisen hergestellt wird. Es soll angeblich nach Zitronengras schmecken.

134.	**Schokolade mit Goldflocken:** Einige Schokoladenhersteller bieten Schokolade mit essbaren Goldflocken an, um ein luxuriöses Esserlebnis zu bieten.

135.	**Das teuerste Sandwich der Welt:** Das "Quintessential Grilled Cheese" ist das teuerste Sandwich der Welt und kostet über 200 Dollar. Es

enthält Trüffelbutter, Goldflocken und teure
Käsesorten.

Thema 28: Ungewöhnliche Gesundheitspraktiken

136.   **Urin als Heilmittel:** In der alten römischen
und chinesischen Medizin wurde Urin tatsächlich
als Heilmittel verwendet, um verschiedene
Krankheiten zu behandeln.

137.   **Zahnentfernung für Schönheit:** In der
viktorianischen Ära war es üblich, Zähne zu
ziehen, um ein schmales Gesicht zu bekommen.
Porzellanzähne wurden als Statussymbol
angesehen.

138.   **Schutz vor Krankheiten durch Zwiebeln:**
Im Mittelalter trugen Menschen oft Zwiebeln um
den Hals, um sich vor Krankheiten und Pest zu
schützen.

139.   **Aderlass gegen Krankheiten:** Aderlass
war eine gängige medizinische Praxis in der

Vergangenheit, bei der Blut aus dem Körper entfernt wurde, um Krankheiten zu behandeln.

140.   **Blutegel-Therapie:** Die Verwendung von Blutegeln zur Behandlung von Krankheiten war früher üblich. Heute wird sie jedoch nur noch selten eingesetzt.

Thema 29: Kuriose Sprachen und Dialekte

141.   **Piratensprache:** Die typische "Piratensprache" mit "Arrr!" und "Ahoi, Matey!" wurde durch Filme und Bücher populär. Es gibt jedoch keine historischen Beweise dafür, dass Piraten tatsächlich so gesprochen haben.

142.   **Sprache ohne Adjektive:** Die Pirahã-Sprache, gesprochen von einem indigenen Volk im Amazonasgebiet, hat keine festen Adjektive. Stattdessen werden andere sprachliche Konstrukte verwendet, um Beschreibungen auszudrücken.

143.   **Silbentrennung in Deutschland:** Die
Silbentrennung in der deutschen Sprache kann
manchmal ziemlich kompliziert sein. Wörter
können in seltsame Teile aufgeteilt werden, was zu
kuriosen Ergebnissen führt.

144.   **Pig Latin:** Pig Latin ist eine humorvolle Art,
Englisch zu sprechen, bei der die ersten
Konsonanten eines Wortes ans Ende gestellt
werden, gefolgt von "ay". Zum Beispiel wird "Hello"
zu "Ellohay".

145.   **Verbotene Worte in China:** Die
chinesische Regierung hat eine Liste von Wörtern
verboten, die in sozialen Medien nicht verwendet
werden dürfen, darunter Wörter wie "Demokratie"
und "Freiheit".

Thema 30: Absurde Haustiere und Tiergesetze

146.   **Goldfische als Statussymbol:** Im alten
Rom wurden Goldfische in Pools gehalten, um den
sozialen Status ihrer Besitzer zu zeigen.

147.   **Eichhörnchen als Haustiere:** Im 18. Jahrhundert waren Eichhörnchen in Europa als Haustiere sehr beliebt. Die reiche Oberschicht trug sie sogar als Accessoires in kleinen goldenen Käfigen.

148.   **Streicheleinheit für Wale:** Es gibt Menschen, die an der Westküste der USA Wale für Touristenattraktionen trainieren und ihnen auf Kommando den Bauch streicheln.

149.   **Katzenkostümverbot in Arkansas:** In Arkansas ist es illegal, einen Katzenkostüm ohne spezielle Genehmigung zu tragen. Ein Gesetz, das vermutlich aus skurrilen Gründen entstanden ist.

150.   **Verbotene Farben für Goldfische:** In Italien ist es verboten, goldene Goldfische zu züchten oder zu verkaufen. Stattdessen müssen sie eine andere Farbe haben.

Thema 31: Skurrile Internetphänomene

151.   **Das Ketchup-Phänomen:** Das Internet ist voll von Videos, in denen Menschen versuchen, Ketchup aus einer Flasche zu bekommen. Das Phänomen, als "Ketchup-Kunst" bezeichnet, zeigt verschiedene Methoden, um den Fluss zu erhöhen.

152.   **Virtuelles Brot schneiden:** In Japan gibt es ein beliebtes Internet-Video, in dem ein virtuelles Brot mit einem Messer geschnitten wird. Es ist unglaublich befriedigend anzusehen.

153.   **Nyan Cat:** Nyan Cat ist ein animiertes Katzenvideo, das eine fliegende Katze zeigt, die einen Regenbogen hinter sich zieht und dabei ein nervtötendes Lied spielt.

154.   **Baby-Hai-Gesicht:** Ein Video von einem Babyhai, das ein Gesicht machte, als es gestreichelt wurde, wurde viral und führte zu einer Vielzahl von Memes.

155.   **"Gangnam Style" Phänomen:** Das
Musikvideo "Gangnam Style" von Psy wurde 2012
zum ersten YouTube-Video, das eine Milliarde
Aufrufe erreichte, und löste weltweit Tanz- und
Parodiewellen aus.

Thema 32: Ungewöhnliche Jobs

156.   **Emoji-Übersetzer:** Es gibt tatsächlich
Menschen, die für Unternehmen Emojis
übersetzen und entscheiden, welche Symbole in
ihren Marketingmaterialien verwendet werden
sollen.

157.   **Geschmackstester für Hundefutter:** Es
gibt Menschen, die Hundefutter kosten, um
sicherzustellen, dass es gut genug für die pelzigen
Freunde ist.

158.   **Betten-Tester:** Einige Menschen haben
tatsächlich den Job, Betten zu testen und ihre
Bequemlichkeit zu bewerten.

159.   **Professionelle Schnarcher:** Es gibt
Kliniken, die professionelle Schnarcher einstellen,
um neue Anti-Schnarch-Produkte zu testen und zu
bewerten.

160.   **Gefühlskünder für Filme:** Menschen, die
"emotionale Bewertungen" für Filme schreiben,
werden von Studios angestellt, um vorherzusagen,
wie die Öffentlichkeit auf bestimmte Szenen
reagieren wird.

Thema 33: Absurde Rekorde und Meilensteine

161.   **Die längste Zungenrolle:** Nick "The Lick"
Stoeberl hält den Rekord für die längste Zunge.
Seine Zunge ist 10,1 cm lang und kann sogar in
seine Nasenlöcher gerollt werden.

162.   **Die meisten in einer Minute gegessenen
Zwiebeln:** In 30 Sekunden schaffte es Shatirish
Bapu, zwei mittelgroße Zwiebeln zu essen, ohne
dabei zu weinen.

163. **Die meisten gleichzeitig jonglierten Bälle:** Alex Barron jonglierte gleichzeitig mit 11 Bällen und hielt diesen Rekord über viele Jahre.

164. **Die längste Zeit ohne Schlaf:** Der Rekord für die längste Zeit ohne Schlaf liegt bei 11 Tagen und 25 Minuten. Es ist jedoch wichtig zu beachten, dass solche Experimente äußerst gefährlich sein können.

165. **Die größte Menge an Kaugummi in einem Mund:** In den USA hat Chad Fell den Rekord für die größte Menge an Kaugummi in einem Mund. Er schaffte es, 164 Stücke gleichzeitig zu kauen.

Thema 34: Kuriose Naturphänomene

166. **"Glühwürmchen"-Regen:** Es gibt Orte auf der Welt, an denen es aussieht, als ob der Regen aus glühenden Tropfen bestehen würde. Dies wird durch biolumineszente Organismen verursacht.

167.   **Himmelsspirale:** Eine Himmelsspirale ist ein seltsames Phänomen, bei dem Flugzeuge in Kreisen fliegen und eine Spirale in den Himmel zeichnen. Dies kann durch atmosphärische Bedingungen verursacht werden.

168.   **Spinnenregen:** In einigen Teilen der Welt kann es vorkommen, dass Spinnen in der Luft schweben, was als "Spinnenregen" bezeichnet wird. Dies geschieht, wenn junge Spinnen sich von Seidenfäden abseilen, um sich zu verbreiten.

169.   **Sonnensäule:** Eine Sonnensäule ist ein vertikales Lichtphänomen, bei dem eine helle Säule über oder unter der Sonne erscheint. Es wird durch Lichtbrechung in der Atmosphäre verursacht.

170.   **Murmurationen:** "Murmurationen" sind beeindruckende Formationen von fliegenden Vögeln, die in perfekter Harmonie am Himmel tanzen. Dieses Phänomen kann Tausende von Vögeln umfassen.

Thema 35: Ungewöhnliche Kunstwerke und Künstler

171. **Mona Lisa mit Toast:** Ein Künstler schuf eine erstaunliche Nachbildung der Mona Lisa, indem er über 6.000 Scheiben Toast verwendete und die verschiedenen Toastschattierungen für das Gemälde nutzte.

172. **Kunst mit Lebensmitteln:** Künstler haben erstaunliche Werke aus Lebensmitteln geschaffen, von Gemälden mit Ketchup bis hin zu Skulpturen aus Butter.

173. **Fingernagel-Kunst:** Menschen haben tatsächlich erstaunliche Kunstwerke auf ihren Fingernägeln geschaffen, von kleinen Meisterwerken bis hin zu aufwendigen 3D-Designs.

174. **Strandkunst:** Künstler nutzen oft den Strand als Leinwand und schaffen beeindruckende

Sandkunstwerke, die oft von den Gezeiten weggespült werden.

175.   **Kunst mit Zahnstochern:** Einige Künstler nutzen Zahnstocher, um beeindruckende Skulpturen und Modelle zu schaffen, die oft erstaunlich detailreich sind.

Thema 36: Kuriose Mythen und Legenden

176.   **Einhorndeals:** Im Mittelalter wurden Einhornhörner für enorme Summen verkauft. Diese "Hörner" waren jedoch oft nur von anderen Tieren, wie Narwalen oder Nashörnern.

177.   **Der Yeti:** Die Legende vom Yeti, auch als "Schneemensch" bekannt, ist eine Kreatur, die angeblich in den Himalaya-Bergen lebt. Es gibt jedoch keine wissenschaftlichen Beweise für seine Existenz.

178.   **Die Banshee:** In der irischen Mythologie ist die Banshee eine weibliche Geisterfigur, die oft mit

einem schaurigen Schrei in Verbindung gebracht wird und den Tod ankündigen soll.

179.   **Die Kraken:** Die Legende der Kraken, riesige Tentakelwesen, die Schiffe in die Tiefe ziehen, war in der Seefahrer- und Wikingerzeit weit verbreitet.

180.   **Die chinesische Drachenfrau:** Die Legende der chinesischen Drachenfrau besagt, dass eine Frau die Fähigkeit haben kann, sich in einen Drachen zu verwandeln und großen Einfluss auf das Wetter zu nehmen.

Thema 37: Kuriose Technologien

181.   **Toiletten-Radarsystem:** Ein Toilettensitz mit eingebautem Radarsystem wurde entwickelt, um sicherzustellen, dass Menschen beim Sitzen auf der Toilette nicht versehentlich ins Wasser fallen.

182.   **Smell-O-Vision:** In den 1960er Jahren wurde versucht, das Kinoerlebnis zu erweitern, indem Düfte mit Filmen synchronisiert wurden. Das "Smell-O-Vision"-System hatte jedoch begrenzten Erfolg.

183.   **Sprechende Toaster:** Es gibt Toaster, die mit Bluetooth-Technologie ausgestattet sind und einem mitteilen können, wann das Toasten abgeschlossen ist.

184.   **Selbstwärmende Handschuhe:** Einige Handschuhmodelle verfügen über eine Technologie, die sie erwärmt, indem sie den Körper schwacher elektrischer Ströme nutzt.

185.   **Roboter-Hotel:** In Japan gibt es ein Hotel, in dem die meisten Dienstleistungen von Robotern erledigt werden, darunter das Einchecken, das Tragen von Gepäck und das Servieren von Getränken.

Thema 38: Absurde sportliche Leistungen

186. **Die längste Tennisspiel:** Ein Tennismatch bei den Wimbledon Championships 2010 dauerte 11 Stunden und 5 Minuten und gilt als das längste Tennisspiel in der Geschichte.

187. **The Loop of Death:** 1926 fuhr der Motorradfahrer William "Bill" Brier in einem Looping auf der Steilwand in der "Loop of Death"-Attraktion in England.

188. **Der längste Wheelie:** Der Motorradfahrer Masaru Abe hielt den Rekord für den längsten "Wheelie" (Fahren auf dem Hinterrad) und legte eine Strecke von 500,532 km zurück.

189. **Extremes Bürostuhlrennen:** In Deutschland gibt es ein jährliches Rennen, bei dem Teilnehmer in Bürostühlen einen Berg hinunterfahren.

190. **Wasserski auf High Heels:** Eine Frau namens Ayla Kirstine aus Dänemark stellte den

Rekord für das Wasserskifahren auf High Heels auf und legte eine Strecke von 3,3 km zurück.

Thema 39: Kuriose wissenschaftliche Phänomene

191.   **Katzenseufzer:** Katzen können seufzen, wenn sie gestresst sind. Es ist ein kurioses Geräusch, das oft wie ein menschlicher Seufzer klingt.

192.   **Die Placebo-Schmerzmittelreaktion:** Patienten, die glauben, ein starkes Schmerzmittel zu erhalten, können oft eine signifikante Schmerzlinderung erfahren, auch wenn das Medikament tatsächlich ein Placebo ist.

193.   **Die "Kohlenstoffdioxid-Niesreaktion":** Bei manchen Menschen kann das Betreten eines dunklen Raums nach draußen dazu führen, dass sie niesen müssen. Dies wird als "Kohlenstoffdioxid-Niesreaktion" bezeichnet.

194. **Geschwollene Finger im Wasser:** Wenn man längere Zeit im Wasser ist, können sich die Finger und Zehen aufgrund von Wasseraufnahme anschwellen, was als "Aquanessie" bezeichnet wird.

195. **"Phantomvibrationen":** Viele Menschen glauben, dass ihr Handy vibriert oder klingelt, obwohl es in Wirklichkeit gar nicht geschieht. Dieses Phänomen wird als "Phantomvibration" bezeichnet.

Thema 40: Absurde historische Fakten*

196. **Gesichtsmasken für Könige:** Im antiken Ägypten trugen Pharaonen manchmal goldene Gesichtsmasken, um ihre göttliche Verbindung zu betonen.

197. **Die Tanzplage von 1518:** In Straßburg, Frankreich, begannen im Jahr 1518 plötzlich Hunderte von Menschen zu tanzen und hörten nicht auf, bis viele von ihnen vor Erschöpfung

starben. Dieses Phänomen wird als "Tanzplage von 1518" bezeichnet.

198.   **Tierischer Diplomat:** Während des Kalten Krieges schenkte Nikita Chruschtschow, der damalige Premierminister der Sowjetunion, den USA einen Hund namens Strelka. Strelkas Nachkommen lebten in den Familien von US-Präsidenten.

199.   **Der längste Rausch:** König Louis XIV von Frankreich starb angeblich nach einem Magen-Darm-Infekt, der auf exzessiven Alkoholkonsum zurückzuführen war. Er regierte 72 Jahre lang, länger als jeder andere europäische Monarch.

200.   **Mozarts vulgärer Humor:** Mozart war bekannt für seinen unkonventionellen Humor. In seinen Briefen und Kompositionen verwendete er oft vulgäre oder anzügliche Ausdrücke.